BEI GRIN MACHT SICH IHR WISSEN BEZAHLT

AF152858

- Wir veröffentlichen Ihre Hausarbeit, Bachelor- und Masterarbeit

- Ihr eigenes eBook und Buch - weltweit in allen wichtigen Shops

- Verdienen Sie an jedem Verkauf

Jetzt bei www.GRIN.com hochladen und kostenlos publizieren

Georg Langner

Politische Bildung im Systemvergleich

Von welchen Faktoren hängt ab, was für eine Art von politischer Bildung in einem Staat angestrebt wird? Analytischer Systemvergleich zwischen BRD und ehemaliger Sowjetunion.

GRIN Verlag

Bibliografische Information der Deutschen Nationalbibliothek:

Die Deutsche Bibliothek verzeichnet diese Publikation in der Deutschen National-
bibliografie; detaillierte bibliografische Daten sind im Internet über http://dnb.d-
nb.de/ abrufbar.

Impressum:

Copyright © 2011 GRIN Verlag GmbH
Druck und Bindung: Books on Demand GmbH, Norderstedt Germany
ISBN: 978-3-656-61506-4

GRIN - Your knowledge has value

Der GRIN Verlag publiziert seit 1998 wissenschaftliche Arbeiten von Studenten, Hochschullehrern und anderen Akademikern als eBook und gedrucktes Buch. Die Verlagswebsite www.grin.com ist die ideale Plattform zur Veröffentlichung von Hausarbeiten, Abschlussarbeiten, wissenschaftlichen Aufsätzen, Dissertationen und Fachbüchern.

Technische Universität Dresden

Philosophische Fakultät

Institut für Politikwissenschaften

Lehrstuhl für Politische Systeme und Systemvergleich

Proseminar: Einführung in das Studium der Politischen Systeme

Wintersemester 2011

Politische Bildung im Systemvergleich

Von welchen Faktoren hängt ab, was für eine Art von politischer Bildung in einem Staat angestrebt wird? Analytischer Systemvergleich zwischen BRD und ehemaliger Sowjetunion.

Eingereicht von:

Georg Langner

Inhaltsverzeichnis

I   VORGEHENSWEISE 3

    I.1   BEGRIFFSKLÄRUNG: ART DER POLITISCHEN BILDUNG 3

    I.2   ANALYSEKATEGORIEN 4

II   PRÄGENDE FAKTOREN – EINFLÜSSE AUF DIE ART POLITISCHER BILDUNG 4

    II.1   LEITIDEE 5

    II.2   POLITISCHE KULTUR 6

    II.3   HERRSCHAFTSSTRUKTUR 8

    II.4   WILLENSBILDUNG 9

    II.5   GESTALTUNGSANSPRUCH 11

III   FAZIT 13

IV   LITERATURVERZEICHNIS 14

I Vorgehensweise

Im Folgenden möchte ich die Forschungsfrage „Von welchen Faktoren hängt ab, was für eine Art politischer Bildung in einem Staat angestrebt wird?" anhand eines analytischen Systemvergleichs zwischen dem der BRD und dem der ehemaligen Sowjetunion bearbeiten. Um die Fragestellung operationalisierbar zu machen, soll zunächst die Variable *Art politischer Bildung* definiert werden. Anschließend möchte ich die zur vergleichenden Analyse herangezogenen Kategorien nennen sowie kurz begründen, wobei sich der Sinngehalt und Nutzen der einzelnen Kategorien aber klarer in den einzelnen Analyseschritten des Hauptteils zu erkennen gibt. Entlang dieser analytischen Kategorien, die ihrerseits stets das Licht auf eine bestimmte Menge von Faktoren werfen, welche die Art politischer Bildung in einem Staat beeinflussen, entwickelt sich die folgende Analyse. Dabei sollen innerhalb jedes Analyseschritts die Bezüge zwischen den prägenden Faktoren und deren ausgewählte Spiegelungen in den einzelnen Ebenen des Gegenstands der politischen Bildung der beiden Systeme deutlich werden.

I.1 Begriffsklärung: Art der politischen Bildung

Der Begriff der *Art* der politischen Bildung soll im Folgenden im umfassenden Sinne als Gesamtheit der *Inhalte* politischer Bildung, ihrer *prozesshaften Bereiche* und ihrer *Strukturen* verstanden werden. Analog zum in der Vorlesung behandelten Modell des *Schichtenbaus der Wirklichkeit* beinhaltet er auf der Mikroebene Ziele, Einstellungen, Werte und Verhaltensweisen. Auf der Mesoebene hingegen umfasst er etwa Rollen und Rollengefüge sowie zur Verfügung stehende Partizipationsmöglichkeiten. Ferner ist wichtig, welche Strukturen, d.h. welche Akteure, Organisationen und Institutionen die Inhalte und Prozesse politischer Bildung begleiten und prägen. Politische Bildung bezeichnet in diesem Fall nicht nur Bildung im engeren Sinne als ein selbstbestimmtes, *Sich bilden* des Individuums, sondern beinhaltet ein bewusstes Hinwirken auf Inhalte, Prozesse und Strukturen von *politischer Sozialisation* im Allgemeinen, welche nach Worten Sanders „Erwerb jener Werthaltungen, Einstellungen, Überzeugungen, Wissensbestände und Handlungsdispositionen [prägt], die für die Stabilität der politischen Ordnung einer Gesellschaft als erforderlich betrachtet werden" (vgl. Sander 2005: 13). Es geht um Erziehung, Bildung und die Schaffung von realen Erfahrungsmöglichkeiten von Politik. Politische Sozialisation, aber auch damit einhergehende politische Bildung beginnt insofern im Elternhaus und unter Gleichaltrigen, und wird in der Schule und diversen

Jugendorganisationen sowie über Universitäts- und Erwachsenenbildung fortgesetzt. Auch Massenmedien sind einflussreiche Akteure im Hinblick auf Inhalte und Prozesse politischer Bildung.

I.2 Analysekategorien

Grundsätzlich scheint die angestrebte Art der politischen Bildung von der Beschaffenheit des politischen Systems und dessen zur Erhaltung desselbigen notwendigen Faktoren abhängig zu sein. Es stellt sich also die Frage, auf welches System hin sozialisiert werden soll. Daher beeinflussen die einzelnen Komponenten des jeweiligen politischen Systems zwingenderweise die Art, in der politische Bildung stattfindet oder zumindest stattfinden *soll*.

Die *Leitidee* (oder auch ganz wertfrei *Ideologie*) eines Systems legt den Grund für sämtliche weiteren Implikationen. Daher werden die sehr verschiedenen ideellen Grundlagen der Bundesrepublik Deutschland und der Sowjetunion als erstes einander gegenübergestellt. Danach sollen die unterschiedlichen Voraussetzungen *politischer Kultur* in Kurzfassung verglichen werden. Desweiteren soll anhand der mehrdimensionalen Typologie der beiden politischen Systeme erklärt werden, welche Bezüge *Offenheit* bzw. *Geschlossenheit* der drei Leitvariablen des Systemvergleiches – nämlich *Herrschaftsstruktur*, die Art der systemimmanenten *Willensbildungsprozesse* sowie der Umfang des praktizierten politischen *Gestaltungsanspruchs* – zu der Frage nach der jeweils angestrebten Art von politischer Bildung aufweist.

II Prägende Faktoren – Einflüsse auf die Art politischer Bildung

In der Gesamtheit ihrer Systemkonstituenten ist die Bundesrepublik Deutschland als ein liberaler demokratischer Verfassungsstaat einzuordnen, währenddessen die ehemalige Sowjetunion zu Zeiten Stalins wohl als totalitäre sozialistische Diktatur, später mindestens zu einer autoritären Herrschaft mit immer noch sehr hohem politischen Gestaltungsanspruch begreifbar ist. Diese voneinander sehr verschiedenen Grundstrukturen haben, wie folgend aufgezeigt werden soll, weitreichende Implikationen für die Art politischer Bildung im jeweiligen Staatswesen.

II.1 Leitidee

Das politische System der Bundesrepublik Deutschland ist maßgeblich von der Idee einer *gelebten Pluralismus* ermöglichenden Grundordnung geprägt. Menschen haben voneinander sehr verschiedene Individualinteressen und ein Recht darauf, ihren Neigungen entsprechend zu leben. Sie haben unterschiedliche handlungsleitende Wertesysteme, verschiedene Weltanschauungen, politische Vorstellungen und Einstellungen, (Des-) Interesse an Politik, religiöse Zugehörigkeiten oder Ansichten zu ganz konkreten Politikfeldern. Das politische System ist insofern auf *Interessenkonkurrenz* aufgebaut und geradezu *antitotalitär*. Auf Basis eines für die Funktionstüchtigkeit jedoch unerlässlichen Minimalkonsenses – als nichtstreitigem Sektor – werden politische Konflikte ausgehandelt. Das *Gemeinwohl* wird in der Bundesrepublik Deutschland *posteriori* durch natürlich in der Regel fehlerträchtige *trial and error* -Prozesse zu verwirklichen gesucht, ergebnisoffene Auseinandersetzungen sind ausdrücklich erwünscht.

Dieses Leitbild eines liberalen Pluralismus mit relativ schmalem Minimalkonsens hat hinsichtlich der Art politischer Bildung u.a. folgende Implikationen. Auf der Inhaltsebene sollen *keine* einheitlichen Wertvorstellungen, Interessenlagen und Neigungen geschaffen werden. Vielmehr ist es Ziel politischer Bildung, Staatsangehörige zu *mündigen*, Sachverhalte kritisch hinterfragenden Bürgern auszubilden. Der Bürger soll die Kompetenz erwerben, seine eigenen Interessen zu definieren und diese sowohl erfolgsorientiert, als auch tolerant und kompromißbereit in politisches Engagement umzusetzen. Vermittlungsprozesse sollen hinsichtlich ihrer thematischen Ausrichtung stets ein ausgewogenes Abbild der realen Aushandlungsprozesse und Konfliktlinien berücksichtigen und ergebnisoffen durchgeführt werden. Der *Beutelsbacher Konsens* als wesentliche didaktische Grundlage politischer Bildung in der Bundesrepublik Deutschland fasst dies im *Kontroversitätsgebot* und *Indoktrinationsverbot* zusammen. Schließlich führt ein *pluralistisches Akteursgefüge* von Institutionen und Organisationen an der Seite staatlicher Schulbildung – etwa gemeinnützige Vereine und private Stiftungen – wie auch eine *ausdifferenzierte Medienlandschaft* dazu, dass politische Bildung durch verschiedene Interessengruppen gestaltet wird, die unterschiedliche Überzeugungen kommunizieren und dem Einzelnen ermöglichen, sich aus unterschiedlichen Quellen zu informieren.

Das politische System der ehemaligen Sowjetunion fußt hingegen ganz auf einem *monistischen* ideellen Fundament. Auf der Grundlage einer alles regulierenden wissenschaftlichen Überzeugung, nämlich den Theorien des *Marxismus-Leninismus* und des *wissenschaftlichen Sozialismus*, sind ein handlungsleitendes Wertesystem und eine konkrete *richtige* Weltanschauung bereits vorgegeben. Aushandlungsprozesse finden nur innerhalb enger Grenzen statt, der nichtstreitige Sektor auf Grundlage der wahren wissenschaftlichen Weltanschauung hingegen kennzeichnet einen Großteil sämtlicher Inhalts-, Prozess- und Strukturdimensionen innerhalb der sozialistischen Gesellschaft. Art und Inhalte des Gemeinwohls sind durch die Bezugnahme auf die vordefinierten Gesetzmäßigkeiten des wissenschaftlichen Sozialismus bereits *a priori* bekannt und müssen folglich nur noch umgesetzt werden. Die gesellschaftliche Entwicklung ist durch den geschlossenen wissenschaftlichen Unterbau entlang diverser Gesetzmäßigkeiten vordefiniert. Revolution und Klassenkampf, Überwindung kapitalistischer Ordnungsformen und die Etablierung des Kommunismus als Form *guter Ordnung* stellen evolutionäre Notwendigkeiten dar, um deren beschleunigte Erfüllung sich sämtliche Gesellschaftsteile zum Wohl aller sorgen sollten.

Für die Zielstellung politischer Bildung im Sowjetsystem bedeutet dies, dass Staatsangehörige im Sinne des Gemeinwohls *a priori* zu idealen Staatsbürgern für den idealen *kommunistischen* Staat ausgebildet werden sollten. In diesem Sinne ist weniger vom Begriff der Bildung, als eher dem von Erziehung auszugehen. Zwar sollen die Bürger Deutungskompetenzen für Problemstellungen bestimmter Politikfelder erwerben, doch ist die Entwicklung eigener Ideen durch einen äußerst geringen streitigen Sektor stark begrenzt. Vielmehr ist der eng angelegte wissenschaftliche Bezugsrahmen des Marxismus-Leninismus stets maßgebend für erwünschte handlungsleitende Werte einerseits, aber auch für sanktionierte Denkleistungen andererseits. Vermittlungsprozesse sind stets auf die Herausbildung einer marxistisch-leninistischen Weltanschauung ausgerichtet, also eines Erlernens sämtlicher Inhalts-, Prozess- und Strukturdimensionen der bereits tafelfertig ausgearbeiteten, *richtigen* Weltanschauung. Auf struktureller Ebene wird politische Bildung seitens thematisch auf die Propagierung des Marxismus-Leninismus vereinheitlichter staatlicher Institutionen wie Schule, *Komsomol* (Jugendorganisation) und Parteischulen durchgeführt. Auch die Massenmedien sind gleichgeschaltet und fungieren als *Transmissionsriemen* der monistischen Weltanschauung.

II.2 Politische Kultur

Der Begriff der politischen Kultur soll im Folgenden im *erweiterten Sinne* verstanden werden, also sowohl die in einer Gesellschaft vorhandenen Vorstellungen über Politik, Einstellungen zu *politics*, *polity* und *policy* wie auch praktizierte politisch wichtige Verhaltensweisen umfassen. Die politische Kultur eines Systems wird maßgeblich von den weiteren Systemfaktoren geprägt, hat aber wiederum ebenso großen Einfluss auf die Gestaltung dieser. Insofern bewegen sich politische Kultur, Leitideen und die Offen- bzw. Geschlossenheit von Herrschaftsstruktur, Willensbildung und politischen Gestaltungsanspruch stets im Feld gegenseitiger Abhängigkeiten, darüber hinaus auch im Schatten historischer Erfahrungen.

Die politische Kultur innerhalb der Bundesrepublik Deutschland ist tendenziell eher in Richtung *Bürgerkultur*, weniger in Richtung *Untertanenkultur* einzuordnen. Zwar darf das politische System als *gemäßigt* liberal gelten, da der Gestaltungsanspruch des Staates hinsichtlich des Sozialstaatsprinzips weit über seine zwingend notwendigen Grundaufgaben hinausgeht. Dies fördert u.a. Vorstellungen und Einstellungen über bzw. zu Politik zu Tage, die von einer Verantwortungsverschiebung vom Einzelnen hin zur Gestaltungsmacht des Staates begleitet werden und einer Entwicklung einzelner Individuen in Richtung *Untertan* Vorschub leisten. Dennoch sind auf Grundlage des Pluralismus und der Wertsetzungen der *freiheitlich demokratischen Grundordnung* wichtige Voraussetzungen für aktive politische Mitbestimmung geschaffen. Die politische Beteiligung wird von Freiheit und Rechtsgleichheit geprägt, der Staat gilt in erster Linie als *Rahmen* gesellschaftlicher Selbstentwicklung. Es gilt als gut, sich gesellschaftlich zu engagieren und im *öffentlichen Bereich* gemäß eigener Interessen für politische Inhalte zu streiten.

Da eine ausreichend hohe Bürgerbeteiligung an politischen Sachverhalten und eine von einer möglichst großen Anzahl Individuen als *res publica* betrachtete Politikauffassung eine wesentliche Gelingensbedingung eines liberalen demokratischen Verfassungsstaat ist, sollen Bürger mit weitreichenden Deutungskompetenzen ausgestattet werden, die es ihnen ermöglichen, sich in der Komplexität des politischen Systems zurechtzufinden. Dazu gehört der kritische Umgang mit Informationsquellen genauso wie grundlegende Kenntnis über die politische Ordnung und deren Funktionslogik. Auch sollte politische Bildung Menschen zur politischen Partizipation ermutigen, mithin also *praktische Erfahrungsmöglichkeiten* politischer Interaktion bieten. Auf struktureller Ebene ist in diesem Zusammenhang erneut die Vielzahl politisch bildender Akteure miteinander konkurrierender Interessen anzuführen – angefangen beim heimischen Sportverein über die Mitgliedschaft in einem Eine-Welt-Verein bis hin zur Möglichkeit kritisch verfasster Leserbriefe in Printmedien.

Herrührend von den totalitären, monistischen Systembedingungen ist die politische Kultur der ehemaligen Sowjetunion hingegen klar als *Untertanenkultur* einzuordnen. Der Staat fungiert nicht als Rahmen, sondern als *Gussform* gesellschaftlicher Fortentwicklung. Alles untersteht der Doktrin des Marxismus-Leninismus. Aufgrund der starken Begrenzung des streitbaren politischen Bereichs besteht ein systemimmanentes Streben nach möglichst viel Konsens bezüglich der Meinungen und möglichst gleicher Lebensführung im Sinne der weltanschaulichen Rahmensetzung. Vorstellungen und Einstellungen von Funktionslogik und Beeinflussbarkeit von *politics*, *policy* und *polity* unterscheiden sich folglich stark von denen innerhalb eines liberalen demokratischen Verfassungsstaates. Gegenüber der Obrigkeit der politischen Führung begreifen sich einzelne Personen als Erfüllungsgehilfen des wissenschaftlichen Dogmas, nicht aber als freie Bürger.

Zur Durchsetzung der als richtig empfunden Weltanschauung und der Instandhaltung der Systemstabilität ist der politischen Führung der Sowjetunion als totalitärer Diktatur daran gelegen, die Staatsangehörigen lebensbegleitend mit allen Mitteln des Apaarates der politischen Bildung in der herrschenden marxistisch-leninistischen Lehre zu schulen und zur Entwicklung von Verbesserungsmöglichkeiten im kleinen streitbaren Sektor hinzuwirken, währenddessen grundlegend abweichende Meinungen, Ideen sowie Zweifel an der marxistisch-leninistischen Weltanschauung durch ausgrenzende Sanktionen bis hin zu gewaltsamer Repression unterbunden werden müssen. Folglich laufen Unterrichtsprozesse *wenig output-orientiert* ab. Stattdessen ist *politische Agitation* bzw. *Indoktrination* primäres Mittel der Verbreitung der herrschenden Lehrmeinung. Sämtliche Organisationen und Institutionen politischer Bildung greifen zum Zwecke der Propagierung des Marxismus-Leninismus möglichst nahtlos ineinander ein. Bedingt durch eine Kultur von Untertanen ist die Zahl derer, die sich linientreu als politische Bildner (z.B: Lehrer) engagieren – sei es aus politischen Überzeugungen oder opportunistischen Gründen – deutlich größer.

II.3 Herrschaftsstruktur

Das politische System der Bundesrepublik Deutschland ist im Kontinuum zwischen monistischer und gewaltenteilender Herrschaftsstruktur als *gewaltenteilend* und prinzipiell *offen* einzuordnen. Die politische Macht ist auf *verschiedene* staatliche Organe aufgeteilt, und auch innerhalb der Prozessdimensionen verteilt sich Macht auf verschiedene Organisationen und Institutionen sowie informelle Funktionszusammenhänge, wie etwa das Wirken von Regierungsmehrheit und Opposition veranschaulichen. Regierung und Parlament haben eigene Zuständigkeitsbereiche und sind nach dem *checks and balances*-Prinzip aufeinander angewiesen. Das Bundesverfassungsgericht wiederum ist in der Lage, grundgesetzwidrige Gesetzesbeschlüsse aufheben zu können. Die Herrschaftsstruktur ist förderhin insofern offen, als dass es jedem Individuum ermöglicht ist, politische Ämter und Machtpositionen einzunehmen, nachdem er sich gegen chancengleiche Mitbewerber durchgesetzt hat.

Diese Charakteristika der Herrschaftsstruktur der Bundesrepublik Deutschland sollen über die Kanäle politischer Bildung nicht nur erlernt, sondern vor allem auch erfahrbar sein. Diesem Gedankengang entsprechen die in der Didaktik politischer Bildung gängigen didaktischen Prinzipien der *Adressatenorientierung*, *Handlungsorientierung* und *Problemorientierung*. Wie weiter oben erwähnt sollen Bürger die Kompetenz zur Definition und Durchsetzung eigener Interessen erwerben, indem sie diesbezüglich reale Handlungserfahrungen machen können. Dies geschieht etwa über Partizipationsangebote in der Schule – z.b. im Amt des Schülersprechers – aber auch in staatsunabhängigen Institutionen oder etwa durch die legale Teilnahme an Demonstrationen oder politischen Kundgebungen und sollte darüber hinaus prägendes Stilmittel des Gemeinschaftskundeunterrichts sein.

Das politische System der ehemaligen Sowjetunion ist bezüglich seiner Herrschaftsstruktur *monistisch* ausgelegt. Die *KPdSU* als kollektiv die gesamte politische Macht ausübende Einheitspartei im Dienste des Marxismus-Leninismus besteht als einziges Machtzentrum der Sowjetunion. In der kommunistischen Weltanschauung besteht die Überzeugung, dass eine Lenkung der Volksmassen durch eine marxistische Einheitspartei als deren *revolutionäre Vorhut* stets notwendig und richtig ist. Deren Vorgaben sind von untergeordneten Subsystemen zu übernehmen und nach *Plan* zu verwirklichen. Die Herrschaftsstruktur ist desweiteren *geschlossen*, der Zugang zu politischen Ämtern ist von der eigenen Klassenzugehörigkeit oder undurchsichtigen Parteinomenklaturen abhängig.

Politische Bildung kann folglich kein Interesse daran haben, Kompetenzen hinsichtlich der Definition eigener Interessen auszubilden und in den Individuen die Bereitschaft zu bzw. den Wunsch nach Erlangung politischer Gestaltungsmacht zu wecken. Sie dient hier vor allem zum Zweck der Legitimation von Herrschaft, ganz konkret der Herrschaft und damit einhergehender politischer Gestaltungsmacht des Führungszirkels der KPdSU. Abermals ist hier zu betonen, dass die stete *input-orientierte* Schulung der Staatsbürger hinsichtlich der Theorien des Marxismus-Leninismus hier lebenslang versucht, durch Überzeugungsarbeit auf allen Ebenen politischer Bildung eben diesen Zweck bestmöglich zu erfüllen.

II.4 Willensbildung

Die Art der in der Bundesrepublik Deutschland ablaufenden Willensbildungsprozesse ist der pluralistischen Leitidee entsprechend tendenziell *konkurrierend*. Verschiedene Parteien, Interessengruppen, Initiativen, Medien und Politiker konkurrieren miteinander um die Durchsetzung ihrer verschiedenen Interessen. Im Wesen unserer Konkordanzdemokratie liegen allerdings der stete Hang zu Kompromiss- und Konsensfindung begründet. Die *offenen* Strukturen ermöglichen den Zugang jedes Bürgers zu politischer Willensbildung. Es steht jedem frei, sich durch politisches Engagement einzubringen. Interessengruppen sind frei gründbar.

Hinsichtlich der angestrebten Art politischer Bildung bedeutet dies erneut, das Bildungsprozesse dem Ziel der Ausbildung mündiger, politisch befähigter Bürger verpflichtet sind. Um Schülern Bewusstsein für ihre umfangreichen Rechte hinsichtlich politischer Willensbildung und deren Artikulation zu vermitteln, sollen praxisrelevante Erfahrungsmöglichkeiten geschaffen werden. Auch Bürgern steht es über Versammlungsrecht und die Möglichkeit, sich ganz unterschiedlichen Initiativen, Parteien und Interessenkoalitionen anzuschließen frei, ihren politischen Willen zu artikulieren. Vorbenannte Instanzen sind dabei zugleich Artikulationsort und Bildungsstätte, denn im praktischen Bezug *realen Politikmachens* erfolgen viele Lernprozesse. Medien als Informations- und Bildungsinstanzen sind hinsichtlich ihrer Inhalte und Darstellungsweisen frei. Der freie Zugang und selbstgesteuerte Umgang mit ihnen eröffnet (im Rahmen der fdGO) unzensierte Artikulierungsmöglichkeiten, wie etwa die Aktivität und Diskussion in Internetforen von Nachrichtenmagazinen verdeutlicht.

Die Willensbildungsprozesse in der Sowjetunion erfolgen gemäß der monistischen Weltanschauung des Marxismus-Leninismus *monopolisiert*. Die KPdSU hat als Einheitspartei den politischen Führungsanspruch inne und bestimmt die programmatische Ausrichtung des Politikbetriebes. Lediglich der eng umgrenzte streitige Sektor bietet Raum für Willensbildungsprozesse. Doch auch hier legen die von oben nach unten durchorganisierten Zuständigkeiten fest, wer sich wie und in welchem Umfang an der Suche und Artikulation politisch gewünschter Inhalte beteiligen darf. Die Willensbildung ist insofern *geschlossen*, als dass nicht jeder die Chance hat, sich Zugang zu politischen Artikulationsmöglichkeiten zu schaffen.

Hinsichtlich der Art politischer Bildung bedeutet dies, dass deren zentrales Anliegen in der Erziehung obrigkeitshöriger Bürger liegen muss. Staatsangehörige müssen sowohl von den marxistisch-leninistischen Theorien überzeugt, wie auch hinsichtlich ihrer persönlichen Willensbildung möglichst gleichgeschaltet werden. Versammlungsfreiheit oder gar das Recht auf legale Demonstrationen ist nicht vorgesehen. Wie bereits erwähnt, erfolgt der Unterricht in den verschiedenen Bildungsinstanzen dogmatisch *input-orientiert*. Diskussionsrunden werden zwar hin und wieder als methodisches Stilmittel gebraucht, sind aufgrund ihrer engen programmatischen Ausrichtung an der herrschenden Ideologie aber eher Reproduktionsstätten derselbigen. Gleiches gilt für die Informationslage der gleichgeschalteten Medien, denen es an selbstbestimmter Ausrichtung mangelt.

II.5 Gestaltungsanspruch

Im politischen System der Bundesrepublik Deutschland ist der praktizierte politische Gestaltungsanspruch als eher *begrenzt* und *offen* einzuordnen. Er geht zwar über das nach liberalem Staatsverständnis zwingend Notwendige hinaus, lässt aber dennoch einen relativ großen streitigen Sektor offen. Maßgebend für den Gestaltungsanspruch ist die fdGO. Dieser Minimalkonsens bestimmt über grundlegende gemeinsame Werte, Spielregeln der Konfliktaustragung und die für den politischen Streit nutzbaren Institutionen. Alles Darüberhinausgehende darf in ergebnisoffen geführten Kontroversen erörtert werden, einst hergestellte Verbindlichkeiten derweil auch wieder aufgehoben werden. Gänzlich ausgenommen vom Gestaltungsanspruch des Staates ist der private Bereich der Individuen. So darf innerhalb dieses Bereiches jeder seiner eigenen Weltanschauung folgen, auch wenn diese der fdGO entgegensteht. Erst, wenn öffentlich auf eine Aufhebung des Minimalkonsenses hingewirkt wird, werden dem Individuum seitens des Staates Grenzen aufgezeigt. Das *Subsidiaritätsprinzip* sichert darüber hinaus die Eingrenzung zentral gelenkter Verbindlichkeiten.

Folge des begrenzten Gestaltungsanspruches für die Ausformung politischer Bildung in der Bundesrepublik Deutschland ist u.a. die weitgehende Abwesenheit von Zwang, sich überhaupt für politische Inhalte interessieren zu müssen. Dies stellt für die Aufrechterhaltung der liberalen demokratischen Verfassungsstaatlichkeit kein geringes Problem dar, da das System selbst nicht in der Lage ist, eine wesentliche Gelingensbedingung seiner Stabilität *zu erzwingen*. Angesichts dieser Problematik kommt das Bildungsziel nicht von ungefähr, den Bürger zu politischer Beteiligung zu befähigen, vor allem aber für eine *Ermutigung zu politischem Engagement* zu sorgen. Über vielfältiges Ermöglichen von Handlungserfahrungen und Erzeugung von emotionaler Betroffenheit durch Beachtung der Prinzipien Problemorientierung, Adressatenorientierung und Handlungsorientierung sollte dem im politischen Unterricht Rechnung getragen werden. Es sollen sowohl kreativ-gestalterische und Problemlösungskompetenzen erworben werden, wie auch die Fähigkeit zu Selbstkritik und sozialer Kompetenz ausgebaut werden. Im alltäglichen Politikbetrieb – angefangen in der Kommunalpolitik – erfahren Bürger darüber hinaus ganz praktisch, wie groß der ihnen zugetraute streitige Sektor als Bereich ständig neu auszuhandelnder allgemeiner Verbindlichkeiten ist.

Der staatliche Gestaltungsanspruch innerhalb der ehemaligen Sowjetunion ist aufgrund deren totalitärer, monistischer Struktur nahezu unbegrenzt und geschlossen. Das politische System unter Führung der KPdSU versucht in diesem Fall, die Gesellschaft nach einheitlichen

Grundsätzen des Marxismus-Leninismus durchzugestalten. Die Schaffung eines *neuen Menschen*, eines für das kommunistische System idealen Bürgers mitsamt Prägung seiner Vorstellungen und Einstellungen ist das erklärte Ziel des Politgremiums. Eine vor staatlichen Zugriffen geschützte Privatsphäre besteht im politischen Sinne nicht, vielmehr erstreckt sich das Diktat der Weltanschauung durch Argumentations- und Denkverbote in alle gesellschaftlichen Subsysteme.

Prägendes Stilmittel zur Durchsetzung dieser Interessen und zur Unterbindung abweichender Meinungsbildungen ist die *Gleichschaltung* aller gesellschaftlichen Subsysteme inklusive schulischer Institutionen und der Medien sowie in ihrem ursprünglichen Sinne eigentlich *unpolitische* Organisationen wie etwa Sportvereine. Der universale Gestaltungsanspruch des ideologischen Unterbaus und der damit einhergehenden programmtischen Ausrichtung der KPdSU versucht daher, die Staatsangehörigen in allen Lebensbereichen zu erreichen. In diesem Zusammenhang ist auch die von oben nach unten durchorganisierte programmatische Orientierung aller Organisationen, Institutionen und weiterer Akteure politischer Bildung zu sehen. Das Gefüge aus Schule, Komsomol, Grundschule der politischen Bildung und Parteischule begleitet den Bürger über einen langen Zeitraum und sucht ihn von den Ideen des Marxismus-Leninismus zu überzeugen. Zur Sicherstellung des totalitären Gestaltungsanspruches verfügt der Staat förderhin über einen umfassenden Überwachungs- und Repressionsapparat. Eine Politisierung der Massen innerhalb der Grenzen der marxistisch-leninistischen Weltanschauung ist erwünscht, ein zur Schau gestelltes Desinteresse an Politik wird nicht geduldet und gesellschaftlich sanktioniert.

III Fazit

Die vorangegangene Analyse hat aufgezeigt, dass die angestrebte Art von politischer Bildung maßgeblich von der Beschaffenheit des politischen Systems abhängt, zu dessen Stabilitätserhaltung sie ihren Beitrag leisten soll. Folglich hat sich herausgestellt, dass die angestrebte politische Bildung in einem gemäßigt liberalen demokratischen Verfassungsstaat wie der Bundesrepublik Deutschland schon hinsichtlich ihrer Grundformen ganz anders ausgerichtet sein muss, als dies in der totalitären sozialistischen Diktatur der Sowjetunion der Fall war.

Die prägenden Faktoren, welche die Art angestrebter politischer Bildung bestimmen, sind die *Leitidee* eines politischen Systems als dessen Fundament, die *politische Kultur* innerhalb des Systems und die Typologie eines Systems anhand der Variablen *Herrschaftsstruktur*, *Willensbildungsprozesse*, und *Gestaltungsanspruch* des Staates sowie der *Offenheit* dieser drei Säulen. Zu beachten ist hier, dass vorbenannte Faktoren nicht unabhängig voneinander in beliebiger Varianz in Erscheinung treten, sondern ein Geflecht von logischen gegenseitigen Abhängigkeiten bilden. Die Darstellung dieser Funktionszusammenhänge hätte den Rahmen eines Referates unter der zu bearbeitenden Fragestellung allerdings gesprengt.

Weiterhin ist selbstkritisch anzumerken, dass die vorangegangene Bearbeitung der Fragestellung aufgrund der engen Umfangseingrenzung eher *oberflächlich* ist und der eigentlichen Komplexität des Themas kaum entspricht. Interessant und von höherem Erkenntniszuwachs begleitet wäre die gründliche und systematische Bearbeitung der direkten Abhängigkeiten zwischen den systemprägenden Faktoren und den konkreten Auswirkungen auf sämtliche Bereiche der Inhalts-, Prozess- und Strukturdimensionen des Begriffs der politischen Bildung.

IV Literaturverzeichnis

1. *Autorenkollektiv,* 1975 [russ. Moskau 1972]: Methodik der politischen Bildung. Berlin/ Ost: o.V., S. 7 – 44.

2. *Patzelt, Werner J.* 1994: Aufgaben politischer Bildung in den neuen Bundesländern. Dresden: o.V., S. 12 – 15, S. 53 – 63.

3. *Patzelt, Werner J.* 2007: Einführung in die Politikwissenschaft. Grundriß des Faches und studiumbegleitende Orientierung. 6. überarbeitete Aufl. Passau, wvr.

4. *Sander, Wolfgang* 2005: Theorie der politischen Bildung: Geschichte – didaktische Konzeptionen – aktuelle Tendenzen und Probleme, in: Sander, Wolfgang (Hrsg.): Handbuch politische Bildung. 3., völlig überarbeitete Aufl. Schwalbach/Ts.